전화해, 기다릴게

전화 해, 기다릴게

2023년 12월 6일 초판 1쇄 인쇄
2023년 12월 15일 초판 1쇄 발행

지은이 | 이기영
펴낸이 | 孫貞順

펴낸곳 | 도서출판 작가
　　　　(03756) 서울 서대문구 북아현로6길 50
　　　　전화 | 02)365-8111~2 팩스 | 02)365-8110
　　　　이메일 | cultura@cultura.co.kr
　　　　홈페이지 | www.cultura.co.kr
　　　　등록번호 | 제13-630호(2000. 2. 9.)

편집 | 손희 김치성 설재원
디자인 | 오경은 박근영
영업 | 박영민
관리 | 이용승

ISBN 979-11-90566-69-8 (03810)

잘못된 책은 구입하신 서점에서 바꾸어 드립니다.

* 이 책은 경남문화예술진흥원의 '2023 지역문화예술육성지원사업'
  보조금을 지원받아 제작되었습니다.

값 14,000원

한국디카시 대표시선

10

이기영 디카시집

전화 해, 기다릴게

작가

■ 시인의 말

'순간의 감성이 눈 뜨는 자리에 디카시는 탄생한다'

순간과 순간, 그 사이에 존재하는 나!

2023년 11월

이기영

― 차례 ―

시인의 말

제1부 어느 날, 섬이 나타났다

너, 다 들켰어 · 12

월식月蝕 · 14

픽션 · 16

용두사미龍頭蛇尾 · 18

옥구슬이 서 말이라도 · 20

황금 동산 · 22

휴식 · 24

눈싸움 · 26

청춘 · 28

궁금해! · 30

어느 날, 섬이 나타났다 · 32

일시정지 · 34

필법 · 36

미친 짓 · 38

봄날 2 · 40

적막 · 42

제2부 전화 해, 기다릴게

주문 · 46
전화 해, 기다릴게 · 48
끝이라는 시작점 · 50
등대 · 52
소금꽃 · 54
보이지 않는 손 · 56
태양의 나라 · 58
완벽한 밤 · 60
터널 · 62
이만하면 · 64
풍등 · 66
보금자리 · 68
어머니 · 70
우화羽化 · 72
측은지심惻隱之心 · 74
샤갈의 마을에 내리는 눈 · 76

제3부 JAZZ

JAZZ · 80

음서淫書 · 82

알비노 · 84

물의 정원 · 86

편견 · 88

연목구어緣木求魚 · 90

장주지몽莊周之夢 · 92

구룡포 · 94

시간의 낙하법 · 96

맨발의 탁본 · 98

눈 먼 길 · 100

크레인 생각 · 102

무이네 사막 · 104

빅뱅Big Bang · 106

웜홀wormhole · 108

완전범죄 · 110

제4부 ING

세월 앞에 장사 없다 · 114

느닷없이 · 116

난생 · 118

공작쇼 · 120

하루, 또 하루 · 122

공범 · 124

비애의 문양 · 126

불평등 시대 · 128

공치는 날 · 130

묘지 · 132

바람의 공수표 · 134

안나 카레니나 · 136

서리꽃 · 138

지구온난화 · 140

일본인 가옥 거리 · 142

폼페이 최후의 날 · 144

ING · 146

해설 우주를 불러오는 대화의 시_김종회 · 148

제1부

어느 날, 섬이 나타났다

너, 다 들켰어

소리 소문 없이 사라진 달랑게
집 앞마당에 흔적이 한 가득이다

내리쬐는 한여름 땡볕에
놀라 흘린 커피맛 구슬아이스크림

월식月蝕

탐스러운 달덩이 욕심나서

슬쩍, 한 입 베어 먹었네

창백해진 항아*님 얼굴

*'항아'는 중국 고대 신화에서 달 속에 산다는 선녀

픽션

내 마음은 하루에도 열두 번
꽃이 피었다 지고
찌릿찌릿 전기가 통하지만
아닌 척 시치미 뚝,
소란스런 짝사랑 중

용두사미龍頭蛇尾

아직은 땅이에요 기어다니죠

발톱이 생길 때까지
날개가 달릴 때까지
폭풍우 치는 밤이 올 때까지는

옥구슬이 서 말이라도

그거, 한바탕 꿈같은 거야

살짝만 건드려도

순식간에 눈앞에서 사라져 버린다니까

황금 동산

순간보다 길고 영원보다 짧은 삶

함께여서 뜨거워지고

나누면서 가벼워진다

휴식

신이 발을 잠시 빠져나간 사이

발이 노동을 벗고 잠시 쉬는 사이

주인의 즐거운 한때

눈싸움

겨울왕국의 재미는

뭐니 뭐니 해도 눈싸움이지

도도한 독수리가 아홉 살 소년에게

결투를 신청하다

청춘

모든 날들이 매 순간

저토록 눈부시게 빛났다는 걸

그때는 몰랐다

궁금해!

4억 2천 년 전부터 돌이 된 기분과

2억 5천 년 동안 돌 속에 갇힌 세월 중에서

어느 게 더 황당할까?

어느 날, 섬이 나타났다

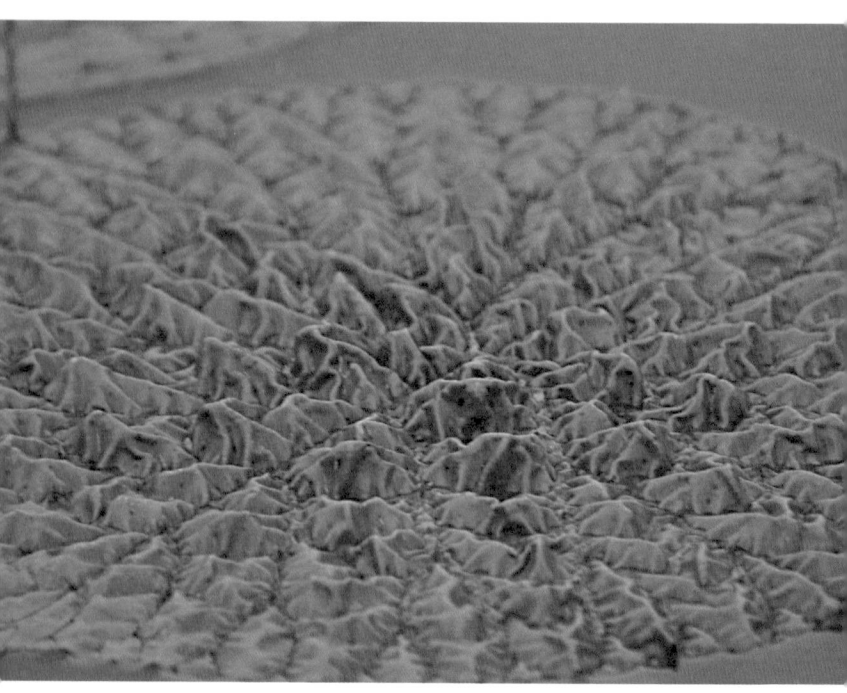

잔잔하게 몸을 떠는 물 위에 지은 집

백 년 전에도 백 년 후에도
당신과의 거리는 그대로군요

일시정지

5월을 잡아두고 싶은 붉은 신호등

눈길 발길 모두 불러 세우고
만족해하는 저 파안대소

필법

왕희지 서체인가? 추사체인가?

꺾였다가 내리긋는 품새가
명필이 분명하다

미친 짓

지붕만 하나 달랑 얹어 놓으면 뭐하나

숭숭 뚫린 구멍으로

다 빠져나가 버린 온기

그건 모래 위에 지은 집

봄날 2

어찌 알고 때 되면 잘도 찾아오는지
눈 시린 절정 천지사방에 뿌려대는지

무아지경인 저 하염없는 한량들

적막

새벽 3시

영하 30도

보름밤

제2부

전화 해, 기다릴게

주문

'아브라 카다브라abra cadabra'*

마음속에 저마다 품고 있는 어떤 발화점

*'아브라 카다브라'는 고대 히브리어로 '말한 대로 이루어지다'라는 뜻

전화 해, 기다릴게

언제 밥 한 번 먹자

인사치레로 건넨 말인 것쯤 아는데

아는데, 밥이라는 말이 너무 따스해서

함께 먹고 싶은 밥 고르고 골라

주머니에 꼬옥 넣고 다녀

끝이라는 시작점

물결이 쉼 없이 제 나이테를 만드는 동안

사람들은 세월 속에 몸을 담그고

또 하루를 흘려보낸다

새날은

살아온 날들의 맨 끝에서 온다

등대

망망대해에서 문득 깨달은 느낌표 하나,

오늘 힘들어도
내일은 괜찮을 거야!

소금꽃

염전에 소금이 오는 4월

남도 사람들은 삐비꽃을 소금꽃이라 부른다

삐비꽃 따라 소금이 오고 삐비꽃 질 때

함석지붕 인 창고에 소금꽃이 만발한다

보이지 않는 손*

오늘 하루 살아내느라 얼마나 힘들었느냐고

토닥토닥 어깨 위로

장엄한 미사가 울려 퍼진다

눈물을 닦아주는 손길이다

*'아담 스미스'의 이론에서 가져 옴

태양의 나라

그렇고 그런 수많은 날들 중에
한순간 이렇게 반짝 불 들어오면
그 온기로 평생을 살아
내내 환하고 따뜻하고 찌릿찌릿해서
나는 그걸 추억이라고 불러

완벽한 밤

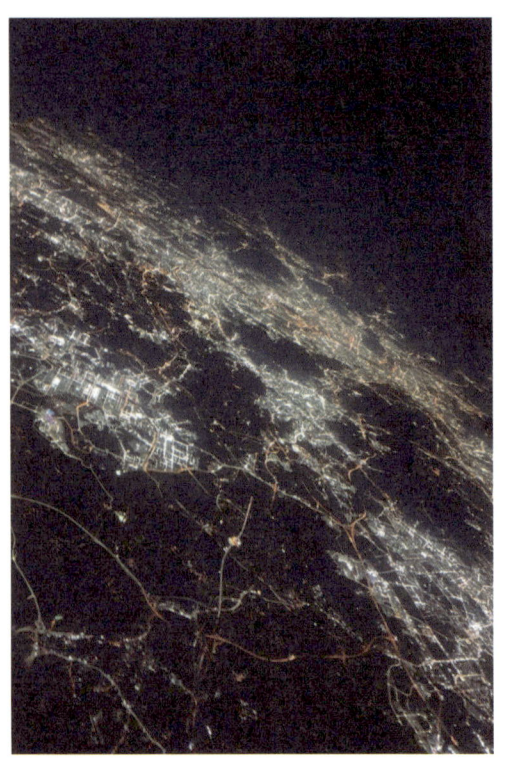

어둠의 실핏줄을 따라

골목과 골목 사이

사람과 사람 사이

밤새도록 온기가 흐른다

터널

끝날 것 같지 않은 어둠도

누군가는 그 안에서

찬란한 빛을 품고 있다

그 빛으로 출구를 연다

이만하면

마침내 작심한 듯 일제히

펄펄 끓는 주먹을 불끈 쥔다

- 이번 생은 그래, 잘 살았어!

풍등

음각의 밤하늘에 양각으로 새기는 소원

공들여 빚은 빛이어서

그늘 한 점 남기지 않는다

보금자리

금 가고 물새는 집

꽃 피고 열매 주렁한 날들 얹으면

그 무엇과도 바꿀 수 없지

어머니

태양을 받아들인 눈부신 숨결이
심장을 활짝 연다

깃 드는 것들을 위해 어머니가
제 몸을 헐고 있다

우화羽化

천 년 고성古城에서

이무기인 채로

날 수 없는 날개는

한없이 자라고 있어

매일 밤 같은 주문을 외우지

측은지심惻隱之心

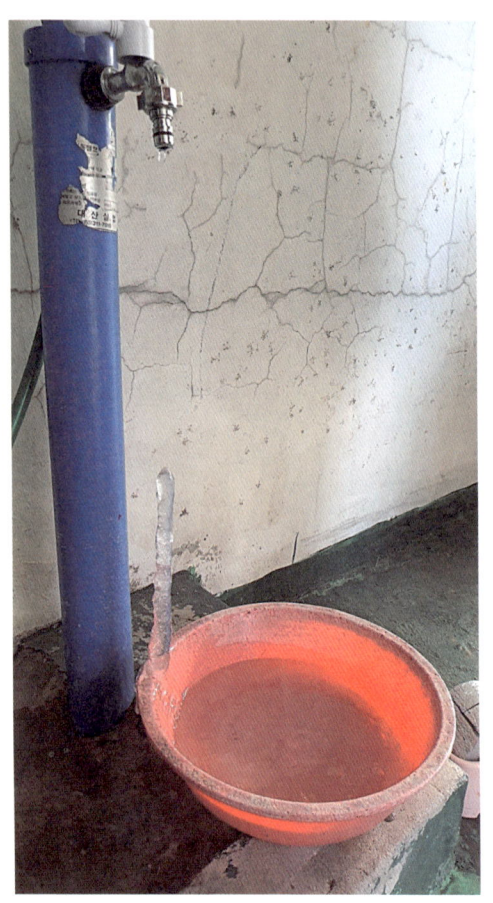

겨울 끝자락 대한과 입춘 사이
미련 한 방울이

차마 버리지 못하고 받아주는
저 간절한
마음 한 줄기를 일으켜 세운다

샤갈의 마을에 내리는 눈*

꽃눈이 막 눈 뜨려는 나뭇가지에

밤새 눈이 내려

파르르 파르르 눈꽃이 피었다

*김춘수의 시 '샤갈의 마을에 내리는 눈'에서 차용

제3부

JAZZ

JAZZ

끝내 통제할 수 없는 자유 본능이

즉흥 사이를 흘러 다니지

음서淫書

향기로운 입술의 염색체같이

귓불을 간지럽히는 맹랑한 웃음소리같이

알비노*

햇볕 뚫고 가는 참 심플한 오후

붉은 눈동자,

적막을 밟고 간다

*알비노 : 백색증 유전병. 멜라닌 색소가 없어 온 몸이 백지처럼 하얗고 이 유전병을 앓고 있는 사람 대부분 눈동자만 피처럼 붉다. 햇볕을 보면 화상을 입는다

물의 정원

폭염 속을 걸어온 여름이

더운 몸을 담그고

몸을 식히는 한낮

적막과 고요가 서로의 몸을 부비며

찬란한 눈빛을 빛내고 있다

편견

꽃들은 모두 하늘거리는 꽃잎을 가졌다?

꽃에게도 저마다의 개인적 취향이라는 게 있다

연목구어緣木求魚

물을 길어 숲을 짓는 일은 나무의 일

죽은 나무에서는 물소리 들리지 않는다

장주지몽 莊周之夢

누가 나이고 누가 너인지

언제 왔다 언제 갔는지

물결 하나 일지 않는 고요 속을

가만히

구룡포

승천하지 못한 한 마리 용이

붉은 여의주

아침마다 슬프게 건져 올리는 바다

시간의 낙하법

한 방울씩 떨어진 어둠이

지상을 향해 발을 뻗는다

수수만년은 그렇게 자란다

맨발의 탁본

공중의 거처를 잠시 지상에 박제해 놓고
심심한 바람이 탁본을 뜨면
모래알 속 지난날들이 발굴된다

사라진 발들의 휘파람 같은 것

눈먼 길

하루하루, 이렇게 잘 짜여진

단단한 길 위를 걸어도

언제 미끄러져 떨어질지 모르는

뱀의 등허리에 올라타 있다는 생각

크레인 생각

이른 아침 더듬이를 세우자

높이의,

높이에 의한,

높이를 위한 하루가 몰려온다

무이네 사막*

풀 한포기 허락하지 않는 봉우리가

힘겹게 숨결을 고른다

서로가 서로를 짓밟고 올라야 하므로

혼잣말을 수도 없이 삼켜야 하므로

무심한 저 들숨과 날숨들의 역할이 비장하다

*무이네 사막 : 베트남 판티엣에 있는 사막 이름

빅뱅Big Bang

138억년이 지나도록

영원히 끝날 것 같지 않은

여전히 팽창하고 있는

저, 너머

웜홀wormhole*

검은 눈동자에 눈 시린 백색이 끌린다

밤과 낮을 섞어 만든 하루같이

첫눈에 알아본 전생의 인연같이

* '웜홀'은 우주 공간의 블랙홀과 화이트홀을 연결하는 통로라는 의미로 제안된 이론상의 개념

완전범죄

모두 덮어버렸다 안심하지 마라
한순간, 지문 드러나 꼬리 잡힌다

제4부

ING

세월 앞에 장사 없다

부딪히고 깎이고 썩어 문드러지고

온 몸으로 맞서보지만
감정은 죽고 기억만 꿋꿋이 남아

느닷없이

아무런 예고도 없이,
오래 걸어온 세월이 한꺼번에 젖는다
저 속도를 갖기까지 얼마나 지난한 시간들이
빠르게 지나갔을까

난생

줄탁동시 해 줄 어미도 없이
뿌리 내릴 한 삽의 흙도 없이

풀 한 포기 없는 척박한 땅이어도
홀로 견디며 살아내야 하는 삶

공작쇼

사람들은 감탄의 연발이지만

백 년 동안 키운 꼬리가 너무 무거워

나는 한 번 펼칠 때마다 현기증이 나

하루, 또 하루

사는 일이

벼랑을 타고 가는 일이라고

한 발 잘못 디디면 천 길 낭떠러지라고

이 악물고 버텨낸 순간들마다

새파랗게 질리지 않은 날 없었다고

공범

저 목숨을 끊은 손과

저 주검을 매단 손과

그리고 우리들의 한 끼 식사

비애의 문양

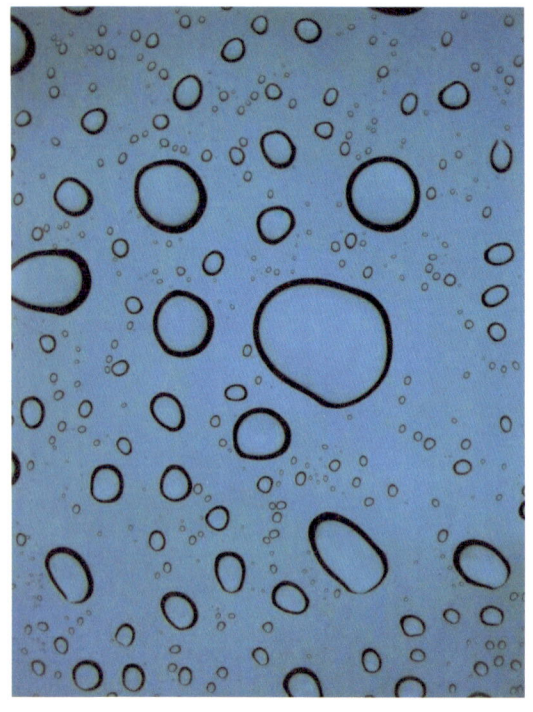

부딪혀 깨어진 몸들이 흩어진다

한 번 상처 입은 것들은

속이 텅 빈다

그래서 서로 멀다

불평등 시대

금수저, 거칠 것 없는 질주 본능

출발부터 다르다

흙수저, 낭떠러지 끝에 매달린

아득한 생존 본능

하루하루를 버틴다

공치는 날

비가 와서 기다리는 일도 따분하고
비새는 지붕이나 고쳐야겠는데
이곳을 고치면 저곳이 샌다

서러운 건 나인데 왜,
글썽이는 건 너일까

묘지

존재 하나가 모든 관계를 거절당하고
바람 속으로 사라지고 있다

마지막까지 필사적인 저,
실오라기들
질긴 인연들

바람의 공수표

팔 하나 주면 안 잡아먹지
다리 하나 주면 안 잡아먹지

팔 떼어주고 다리 떼어주고
흘린 피로 서로의 추위를 덮네

안나 카레니나

어쩌죠,

기차에 몸을 던지기 전

하염없이 헤치고 온 이 슬픔을

그만, 여기 내려놓고 싶어요

서리꽃

겨울이 추운 입김을 호호 불자

철모르는 아이 볼이 꽁꽁 얼었네

지구온난화

북극의 바다에 빙하 한 덩어리 없고

낚시에 걸려 올라온
풀 한 포기 먹을 수 없는
야윈 아기 곰 한 마리

일본인 가옥 거리

실핏줄처럼 파고들어 이 땅을 유린하고도

한 번도 용서를 구하지 않은 그대들을

백 년이 지나도 용서할 수 없는 그대들을

폼페이 최후의 날

아침은 평온하였다

점심도 평화로웠다

저녁이 되자

그날 이후는 모두 사라졌다

ING

사막이 되어가는 중인지

숲이 되어 가는 중인지

바람 앞 등불 같이

바람 앞 들불 같이

| 해설 |

우주를 불러오는 대화의 시
― 이기영 디카시집 『전화 해, 기다릴게』

김종회(문학평론가, 한국디카시인협회 회장)

1. 디카시 창작과 문예운동의 산 증인

이기영은 2013년 《열린시학》으로 문단에 나온, 꼭 10년의 창작과 활동 경력을 채운 문인이다. 그가 2016년에 낸 시집 『부에나 비스타 소셜 클럽』은 경남문화예술진흥기금 수혜, 2017년 세종우수도서 선정, 2018년 제14회 김달진창원문학상 수상 등의 영예를 안았다. 그런가 하면 2020년에 낸 시집 『나는 어제처럼 말하고 너는 내일처럼 묻지』는 경남문화예술진흥원 지역문화예술육성지원사업 선정, 2022년 제3회 이병주국제문학상 경남문인상을 수상하는 영광을 누렸다. 생애 처음과 두 번째의 시집이 모두 전통 있고 명망 있는 문학상의 수상작이 되었으니, 그는 분명 볼품 있는 시인이자 그 시의 문학성을 객관적으로 인

정받은 경우라 할 수 있겠다.

그 이기영 시인이 이번에는 2020년 첫 디카시집 『인생』을 펴낸 이래 두 번째로 『전화 해, 기다릴게』를 상재上梓한다. 디카시인으로서의 출간 경력은 간략하지만 그 배면에 숨어 있는 그의 노력과 수고, 디카시를 향한 충일充溢한 열정은 결코 간단하지 않다. 그는 현재 한국디카시인협회 사무총장, 한국디카시연구소 사무국장, 경남정보대 평생교육원 디카시 강의교수 등의 직함을 갖고 있으며 그 외에도 《백세시대신문》, 《미디어시인신문》, 《경남신문》 등의 언론에 필진으로서 글을 쓰고 있다. 참으로 절실한 사실은 디카시 창작을 진작하고 그 문예운동을 확산하는 길 어디에나 이기영의 이름이 새겨져 있다는 것이다. 그의 이러한 공로를 익히 알고 있기에, 이번 시집이 더욱 빛나 보이는 형국이다.

2. 대화를 이끌어내는 사진과 시의 힘

이 디카시집의 제1부에 수록된 시들은, 시인이 모든 사물 또는 풍경과 대화가 가능한 열린 마음의 소유자라는 측면을 보여준다. 그는 삼라만상의 존재와 운행에서, 언제 어디서나 시를 찾아낼 수 있는 밝은 눈의 소유자다. 온 우주를 자신의 시 세계로 불러올 수 있는 대화체의 기법을 부드럽고 능란하게 구사한다. 그리고 그가 궁극적으로 꿈꾸는 지점은, 가장 그 내면을 알기 어려운 사람-독자와의 소통일 시 분명하다. 그러기에 「픽션」에서는 전봇대·전깃줄과 닉엽들의 조합에 '소란스런 짝사랑'을 매설하고, 「봄날 2」에서는 화려한 벚꽃의 만개에 결부하여 '하염없는 한량들'을 유추한다. 「너, 다 들켰어」, 「옥

구슬이 서 말이라도」같은 시들도 그렇다. 이 탐색과 교감과 소통의 방정식은 매우 편안한 대화체의 어법을 통해 자연스럽게 구사된다.

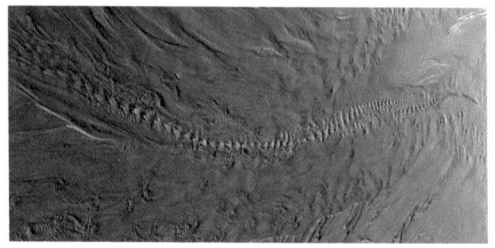

용두사미龍頭蛇尾

아직은 땅이에요 기어다니죠

발톱이 생길 때까지
날개가 달릴 때까지
폭풍우 치는 밤이 올 때까지는

바닷가 모래사장이거나 아니면 강가 퇴적지로 보이는 이 물가에, 물의 흔적이 길게 꼬리를 남겼다. 어느 모로 보나 용이나 뱀의 꼬리 형상이다. '용두사미'란 제목이 붙은 이유다. 우리 삶의 실상을 돌아보면, 얼마나 용두사미 격의 일이 많은가. 그러한 보편적 공감대 위에서 이 순간 포착의 사진 한 장은, 그 풍경에서부터 뭔가 깊은 생각을 하게 한다. 시인은 아직 땅이라고, 기어 다닌다고 썼다. 그리고 발톱이 생기고 날개가 달리고 폭풍우 치는 밤이 오면, 이무기가 용이 되어 승천하듯이 새로운 세상의 전개가 예비 되어 있음을 말한다. 그러할 때 범상한 물길의 형용은, 문득 신화나 전설 속의 개천蓋天을 소환하고 일상적인 시각을 우주론적 공간으로 개방한다.

청춘

모든 날들이 매 순간
저토록 눈부시게 빛났다는 걸
그때는 몰랐다

 청춘의 날을 표현할 수 있는 사진이나 영상은 많을 것이다. 그러나 시인은 욕심내지 않았다. 중·고등학생 쯤으로 여겨지는 소녀들의 뒷모습. 멀리 전방 지점에 국궁國弓의 과녁이 서 있고 이들은 저마다의 재잘거림으로 대화를 나누고 있는 듯하다. 일찍이 호머는 청춘을 두고 이렇게 말했다. "너를 보고 있으면 델로스섬에서 아크로폴리스 신전 곁에 하늘을 향하여 땅으로부터 치솟은 종려나무를 보는 것 같다." 그리고 다음은 버나드 쇼의 말이다. "청춘은 청춘에게 주기에 너무 아깝다." 이 맑고 청청한 청춘의 시절이 얼마나 귀한지 그들 자신은 잘 모른다는 뜻이다. 시인 또한 그렇게 말한다. '그때는 몰랐다'고.

3. 보이지 않는 것을 찾아내는 시의 눈
 "시인이란 무릇 무한한 시간과 공간을 꿰뚫어 볼 수 있고 개인의 인격에 대한 인습적 개념을 형성하는 모든 제약과 통제를 무너뜨림으로써 영원한 신의 목소리를 내는 도구로서의 예언자, 곧 '견자見者, Voyant'가 되어야 한다." 19세기 후반을 화려하게 장식한 프랑스의 시인 아르튀르 랭보가 내세운 '견자의 시학'이다. 우리가 랭보처럼 기발한 상상력의 운용이나 일상에 대한 혁파를 수행하기는 힘들지만, 보이지 않으나 분명히 실재하는 시적 개념을 찾아내는 견자일 수 있다. 이 시집의 제2부에서 이기영은, 그렇게 순정한 시의 눈으로 디카시의 여러 모형을 탐색한다. 「주문」, 「끝이라는 시작점」, 「소금꽃」, 「이만하면」 등 매우 '신박'한 사진을 앞세운 디카시들이 바로 그와 같은 시의 행렬에 해당한다.

전화 해, 기다릴게

언제 밥 한 번 먹자
인사치레로 건넨 말인 것쯤 아는데
아는데, 밥이라는 말이 너무 따스해서
함께 먹고 싶은 밥 고르고 골라
주머니에 꼬옥 넣고 다녀

이 시집의 표제작인 「전화 해, 기다릴게」는 봄날의 꽃밭처럼 백화난만한 식당의 메뉴판을 눈앞에 두었다. 몇 사람의 손님이 그 메뉴를 응시하고 있다. 어쩌면 우리가 살아가는 복잡다단하고 다양다기한 삶의 현장을 반영한 모습일지도 모른다. 그 가운데서 우리는 매일같이 선택을 하고 그 선택에 대한 응분의 책임을 진다. 시인은 '언제 밥 한번 먹자'라는 대화의 레토릭을 서두에 가져다 두었다. '인사치레'인 줄 알지만 '밥'이라는 말이 너무 따스하다. 그래서 함께 먹고 싶은 메뉴를 골라 주머니에 '꼬옥' 넣고 다닌다는 것이 아닌가. 크고 화려한 자리를 욕심내지 않고, 작고 소박한 만남에 방점을 둔 마음 약한 소시민! 바로 우리들의 자화상이다.

샤갈의 마을에 내리는 눈

꽃눈이 막 눈 뜨려는 나뭇가지에
밤새 눈이 내려
파르르 파르르 눈꽃이 피었다

마르크 샤갈의 그림 중에는 '샤갈의 마을에 내리는 눈'이란 이름을 가진 작품은 없다. 우리에게 이 제목이 익숙한 것은 김춘수의 시와 박상우의 소설 때문이다. 김춘수의 시에서, 샤갈의 마을에는 삼월에 눈이 온다. '봄을 바라보고' 서 있는 계절이다.

이기영이 그린 샤갈의 마을, 시의 문맥으로 보면 아마도 유사한 시기일 것으로 여겨진다. 그렇다면 꽃눈이 열리려는 나뭇가지에 밤새 내린 눈, '파르르 파르르' 핀 눈꽃은 무엇을 말하고 있을까. 그 눈꽃에서 시인은 무엇을 보았을까. 이는 짐작할 수 있어도 발설하기는 어렵다. 그것이야말로 시인이 곱게 숨겨둔 비의秘義이기에. 그러나 이 시리고 맑은 시 한 편은 그 짐작만으로도 우리를 행복하게 한다.

4. 따뜻한 이해 또는 용서의 형이상학

공자가 아끼던 제자 자공이 물었다. "평생토록 실천할 만한 한마디 말이 있습니까?" 공자의 대답이다. "그것은 용서다!其恕乎." 우리 자신에게 한 번 물어보자. 가장 용서하기 어려운 대상이 누구일까. 여기에 정답이 있을 수 없겠지만, 어쩌면 그 대답은 '나 자신'이기 쉽다. 그렇게 우리는 많은 자책과 아쉬움의 감정을 안고 산다. 그런데 시에, 문학에 이 모난 정신을 추스르는 치유의 능력이 있음을 아는가. 이기영의 시 「JAZZ」에, 「장주지몽莊周之夢」에, 「구룡포」에, 「맨발의 탁본」에 그와 같은 힘이 숨어 있다. 이 시들은 먼저 현실의 상황과 그것을 반영한 사진을 적시摘示하고, 그 내면에 숨은 의미망을 발굴함으로써 사태의 진면목을 드러내 보인다. 안과 밖을 모두 알고 나면 우리의 심사가 더 이상 각박해질 수가 없다.

'물의 정원'이란 명호가 달린 이 시의 사진이 어디서 촬영된 것인지는 알 수가 없다. 그러나 나뭇잎에 연초록 입김이 배어 있는 것을 보면 봄날의 한때인 것 같은데, 시인은 '폭염 속을 걸어온 여름이 더운 몸을 담그고 몸을 식히는 한낮'이라 한다.

물의 정원

폭염 속을 걸어온 여름이
더운 몸을 담그고
몸을 식히는 한낮

적막과 고요가 서로의 몸을 부비며
찬란한 눈빛을 빛내고 있다

적막과 고요, 찬란한 눈빛 등의 어휘들이 제 몫을 다하는 것은 나무의 그림자를 담고 있는 연못이 함께 펼쳐져 있는 까닭에서다. 이 데칼코마니를 이룬 대칭과 반사의 구도가 작동하고 있기에, 사진과 시는 입체적이 되고 깊이를 자랑하며 종내 형이상학적 분위기를 연출한다. 호심湖心에 자신을 비추어 보는 것은 나무만이 아니다. 우리도 거기에서 숨은 우리의 모습을 찾고, 이해하고 또 용서한다.

편견

꽃들은 모두 하늘거리는 꽃잎을 가졌다?

꽃에게도 저마다의 개인적 취향이라는 게 있다

왜 이 시에 '편견'이란 좀 튀는 제목을 붙였을까. 수리취꽃이다. 양지 혹은 반그늘의 물 빠짐이 좋고 토양이 비옥한 곳에서 자라고 거친 표면과 가시를 가진 잎이 있으며 그래서 꽃이라 부르기에 난감할 때가 있다. 시인은 이 모두를 익히 알고 있기에, 오히려 이 꽃의 얼굴을 렌즈에 담았다. 연이어 꽃에게도 저마다의 '개인적 취향'이 있다고 강변한다. 꽃잎이 모두 하늘거린다는 생각이 편견이라는 것이다. 자! 여기에 이르면, 이 시인이 상정하는 편견의 의미가 굳이 이 꽃만 두고 이르는 말이 아님을 쉽게 그리고 확연히 알게 된다. 바로 우리가 감당하며 사는 관계성의 법칙을 말하는 터이다. 짧지만 강력하고 또 분명한 메시지다. 우리가 이 시를 교훈 삼아 하나의 편견이라도 지울 수 있다면, 우리는 훌륭한 독자다.

5. 아프고 슬프고 사라지는 것을 애도

인간의 생애가 유한한 것이 아니었다면, 인류사에 명멸한 그 많은 예술 작품이 존재했을까. 지금 여기 우리 곁에 있는 그 무엇도 강물처럼 흘러가는 시간에 따라 속절없이 역사의 뒤안길로 사라지고 만다. 이와 같은 한시적 순간을 오래 또는 영원히 붙들어두는 것이 예술이다. 그래서 사람들은 이렇게 말한다. "인생은 짧고 예술은 길다!" 이기영의 이 시집 제4부에서 「세월 앞에 장사 없다」를 보면, 물살에 침식하는 큰 나무의 밑동을 볼 수 있다. 비단 나무뿐이겠는가. 「하루 또 하루」, 「바람의 공수표」, 「폼페이 최후의 날」 같은 시들이 아프고 슬프고 마침내 사라지는 것들에 대한 애도를 표상한다. 참 좋은 시들이다.

공작쇼

사람들은 감탄의 연발이지만
백 년 동안 키운 꼬리가 너무 무거워
나는 한 번 펼칠 때마다 현기증이 나

노목의 굽은 가지가, 그 가지에서 창궐한 잎이 마치 공작새 날개 펼친 모양이라는 것이다. 그래서 '공작쇼'라 명명命名이 왔다. 유심히 바라보면 매우 잘 포착한 광경이다. 사람들이 감탄을 연발하지만 '나'는 한 번 펼칠 때마다 현기증이 난다. '백 년 동안 키운 꼬리'가 무거워서다. 이때의 시적 화자 '나'는 누구일까를 해명한다면, 이 시에 시인이 담고자 한 속뜻을 만나게 된다. 그 '나'는 이 나무요 나무가 형상화하고 있는 공작새요 궁극에 있어서는 모든 문리文理를 꿰뚫고 있는 시인 자신이다. 곤고한 삶의 역정은 누구에게나 매한가지이겠으나, 외형의 현란이 결코 내면의 결곡을 넘어서지 못한다는 깨달음은 아무나 얻는 것이 아니다.

공치는 날

비가 와서 기다리는 일도 따분하고
비새는 지붕이나 고쳐야겠는데
이곳을 고치면 저곳이 샌다

서러운 건 나인데 왜,
글썽이는 건 너일까

　넓게 펼쳐진 거미줄, 거미의 집이다. 천망天網은 아니더라도 소이불루疎而不漏할 것 같은데, '공치는 날'이다. 우리가 살아온 지난날에 그렇게 공치는 날이 얼마나 많았던가. 시인은 '서러운 건 나인데 왜, 글썽이는 건 너일까'라고 반문한다. 당연하다. 이 곡진한 정황의 감정이입에 의하면 '나'와 '너'가 각각이 아닌 연유에서다. 이기영의 시들은 이렇게 여러 유형의 감정, 여러 절목의 각성, 여러 방식의 대화 기법을 활용하면서 시야의 넓이와 생각의 깊이를 가진 디카시가 어떤 것인가를 유감없이 보여주었다. 앞으로도 그의 디카시에 대한 변함없는 열의와 빼어난 창작으로 인하여, 우리의 디카시가 여러 걸음 앞으로 나갈 수 있기를 기대해 마지않는다.